Susanne Dorendorff

Dorendorffs Schreibschrift-Abc

in 30 Abbildungen

Irene Breidenbach
Stenografin & Lehrerin a D.

Susanne Dorendorff

Dorendorffs Schreibschrift-Abc

in 30 Abbildungen

mit 1.770 Verbindungen

zum Handschrifterwerb für (fast) alle Weltsprachen

3

Bibliografische Information der Deutschen Nationalbibliothek.

Die Deutsche Nationalbibliothek verzeichnet diese Publikation in der Deutschen Nationalbibliografie;

detaillierte bibliografische Daten sind im Internet über http://dnb.de abrufbar

© Susanne Dorendorff, 2018

Handschrift der Gemischtantiqua: Susanne Dorendorff

Design und Layout: Susanne Dorendorff

Cover-Gestaltung und -Illustration: Susanne Dorendorff

Satzschrift: Arial

Herstellung und Verlag: BoD – Books on Demand, Norderstedt

ISBN 9783752829105

Inhalt

7 Die lateinische Schreibschrift
   Handschrift boomt – 59 Buchstaben für
   (fast) alle Weltsprachen

44 Danke

45 Susanne Dorendorff (Vita)

Die lateinische Schreibschrift

Handschrift boomt – 59 Buchstaben für (fast) alle Weltsprachen

Die persönliche Handschrift garantiert Privatsphäre – der Computer das Gegenteil.

Die internationale Schreibtechnik der *verbundenen* Gemischtantiqua[1] (umgangssprachlich: lateinische Schulschreibschrift, in Deutschland: Lateinische Ausgangsschrift [LA]) bewährt sich seit 500 Jahren und entsprechend vielen Generationen in fast allen Weltsprachen als zuverlässiges Denk- und Kommunikationswerkzeug. Sie baut infolge der Digitalisierung ihren weltumspannenden Erfolg immer weiter aus.

Nicht allein die handschriftliche Alphabetisierung der Kinder, auch der Computer macht diese einzigartige internationale Verständigungstechnik unverzichtbar.

---

[1] Die *Antiqua* basiert auf der typographischen Urform der römischen Schrift *Römische Capitalis*, die aus Versalien (Großbuchstaben) bestand. Die *Gemischtantiqua* besteht jedoch aus Groß- und Kleinbuchstaben. Heute ist sie das Fundament der gängigsten Lese- und Schreibschriften (fast) aller Weltsprachen.

Handschrift funktioniert schnell, individuell und wei-
testgehend datengeschützt.

Auf gehobener Ebene hat sich längst herumgespro-
chen: Wer die schnelle Schreibschrift   beherrscht,
ist Teil eines Verständigungsnetzwerks, das unauf-
fällig und vertraulich weltweite Verbindungen knüpft.
Digitalisierung und Globalisierung indizieren die
Handschrifttechnik als absolutes MUSS für jeden zi-
vilisierten Menschen.

Weder Musik, Gesang, Tanz, Bildhauerei, Malerei
noch Zeichnen beziehen von ihren Urhebern einen
vergleichbar hohen spontan-authentischen Output,
wie er in der Handschrift nahezu *selbsttätig aus einer Quelle sprudelnd* zum Vorschein kommt.
Da gibt es noch sehr viel zu entdecken.

Die hier abgebildeten Buchstaben können für natio-
nale oder persönliche Sonderzeichen manuell er-
gänzt werden. Nutzen dafür bitte die Ergänzungssei-
ten am Ende des Alphabets.

Und nun: Viel Erfolg!

aa ab ac ad ae af ag ah ai

aj ak al am an ao ap aq ar

as at au av aw ax ay az aß

ää aö aä aa ab ac

Ad Ae Af Ag Ah Ai Aj Ak Al

Am An Ao Ap Aq Ar As At Au

Av Aw Ax Ay Az Aß Aä Aö Aü

ba	bb	bc	bd	be	bf	bg	bh	bi
bj	bk	bl	bm	bn	bo	bp	bq	br
bs	bt	bu	bv	bw	bx	by	bz	bß
bä	bö	bü				Ba	Bb	Bc
Bd	Be	Bf	Bg	Bh	Bi	Bj	Bk	Bl
Bm	Bn	Bo	Bp	Bq	Br	Bs	Bt	Bu
Bv	Bw	Bx	By	Bz	Bß	Bä	Bö	Bü

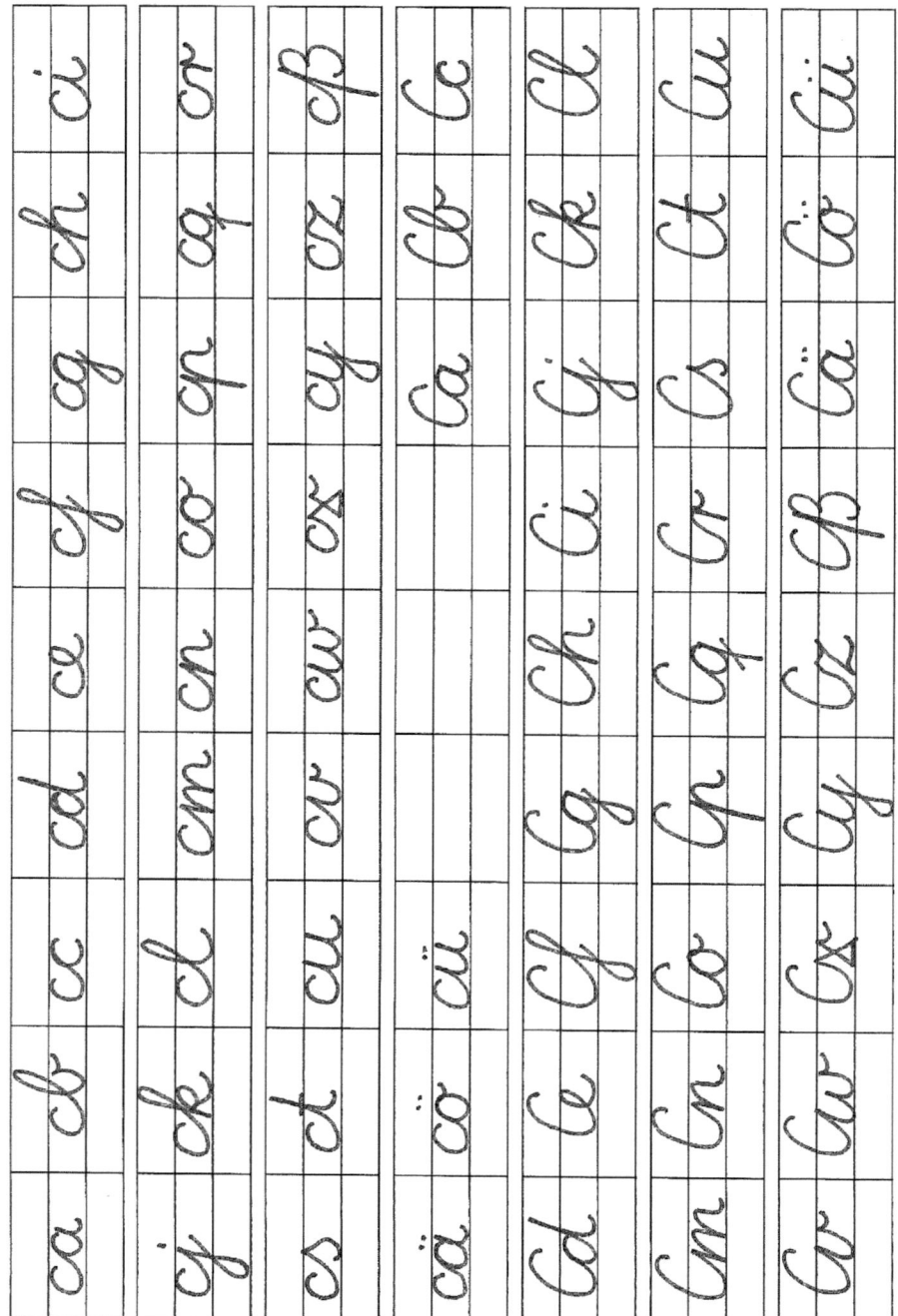

da db dc dd de df dg dh di

df dk dl dm dn do dp dq dr

ds dt du dv dw dx dy dz dß

dä dö dü Da Db Dc

Dd De Df Dg Dh Di Dj Dk Dl

Dm Dn Do Dp Dq Dr Ds Dt Du

Dv Dw Dx Dy Dz Dß Dä Dö Dü

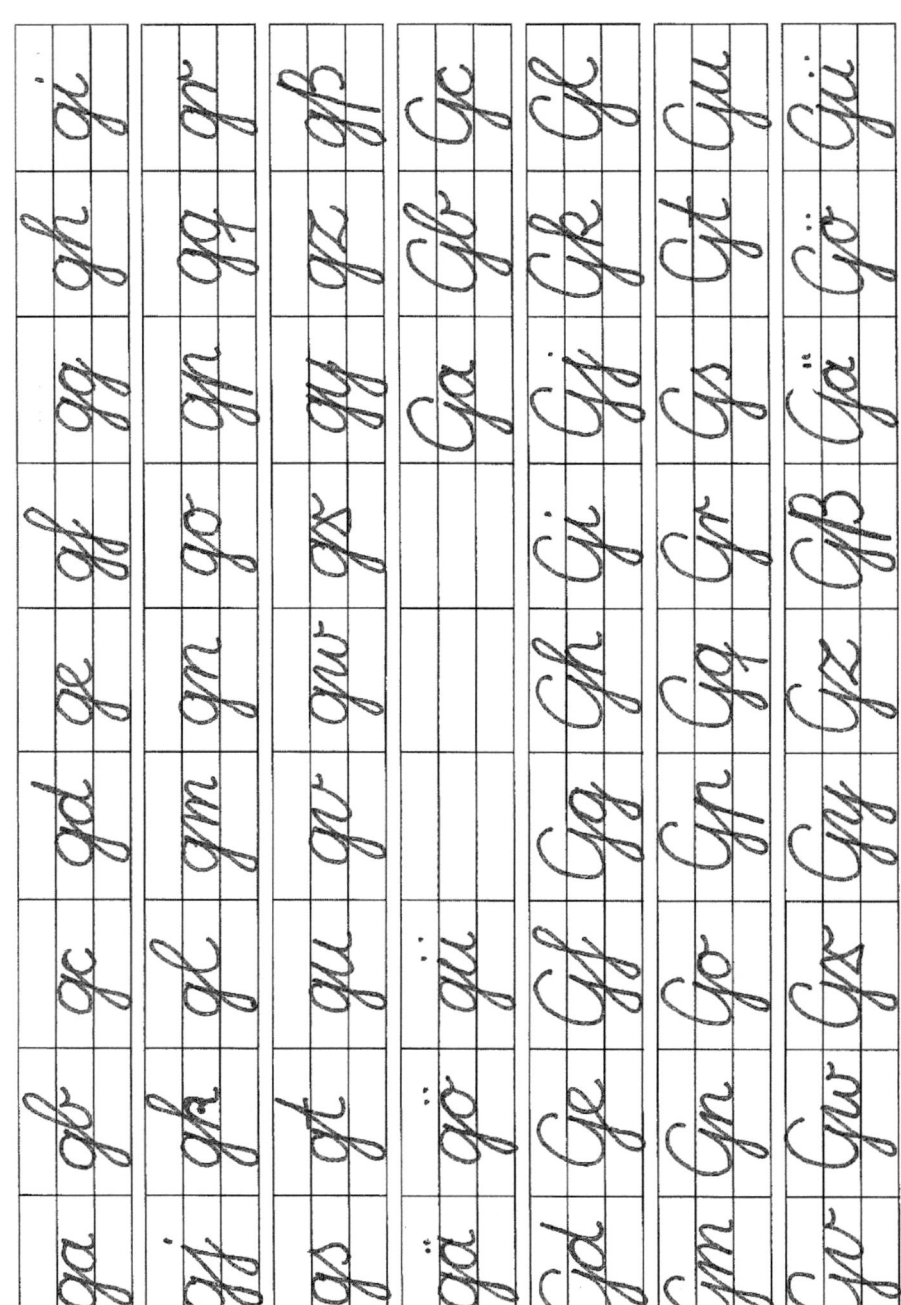

ha hb hc hd he hf hg hh hi

hy hk hl hm hn ho hp hq hr

hs ht hu hv hw hx hy hz hß

hä hö hü Ha Hc

Hd He Hf Hg Hh Hi Hj Hk Hl

Hm Hn Ho Hp Hq Hr Hs Ht Hu

Hr Hw Hx Hy Hz Hß Hp Ho Hü

ja	jb	jc	jd	je	jf	jg	jh	ji
jj	jk	jl	jm	jn	jo	jp	jq	jr
js	jt	ju	jv	jw	jx	jy	jz	jß
jä	jö	jü				Ja	Jb	Jc
Jd	Je	Jf	Jg	Jh	Ji	Jj	Jk	Jl
Jm	Jn	Jo	Jp	Jq	Jr	Js	Jt	Ju
Jv	Jw	Jx	Jy	Jz	Jß	Jä	Jö	Jü

ka kb kc kd ke kf kg kh ki

ky kk kl km kn ko kp kq kr

ks kt ku kv kw kx ky kz kß

ka kö kü

Kd Ke Kf Kg Kh Ki Kk Kl Kc

Km Kn Ko Kp Kq Kr Ks Kt Kü

Kw Kx Ky Kz Kß Ka Kö

la	lb	lc	ld	le	lf	lg	lh	li
lj	lk	ll	lm	ln	lo	lp	lq	lr
ls	lt	lu	lv	lw	lx	ly	lz	lß
lä	lö	lü				La	Lb	Lc
Ld	Le	Lf	Lg	Lh	Li	Lj	Lk	Ll
Lm	Ln	Lo	Lp	Lq	Lr	Ls	Lt	Lu
Lv	Lw	Lx	Ly	Lz	Lß	Lä	Lö	Lü

ma	mb	mc	md	me	mf	mg	mh	mi
mj	mk	ml	mm	mn	mo	mp	mq	mr
ms	mt	mu	mv	mw	mx	my	mz	mß
mä	mö	mü				Ma	Mb	Mc
Md	Me	Mf	Mg	Mh	Mi	Mj	Mk	Ml
Mm	Mn	Mo	Mp	Mq	Mr	Ms	Mt	Mu
Mv	Mw	Mx	My	Mz	Mß	Mä	Mö	Mü

na nb nc nd ne nf ng nh ni

nj nk nl nm nn no np nq nr

ns nt nu nv nw nx ny nz nß

nä nö nü

Nd Ne Nf Ng Nh Ni Nj Nk Nl

Nm Nn No Np Nq Nr Ns Nt Nu

Nv Nw Nx Ny Nz Nä Nö Nü

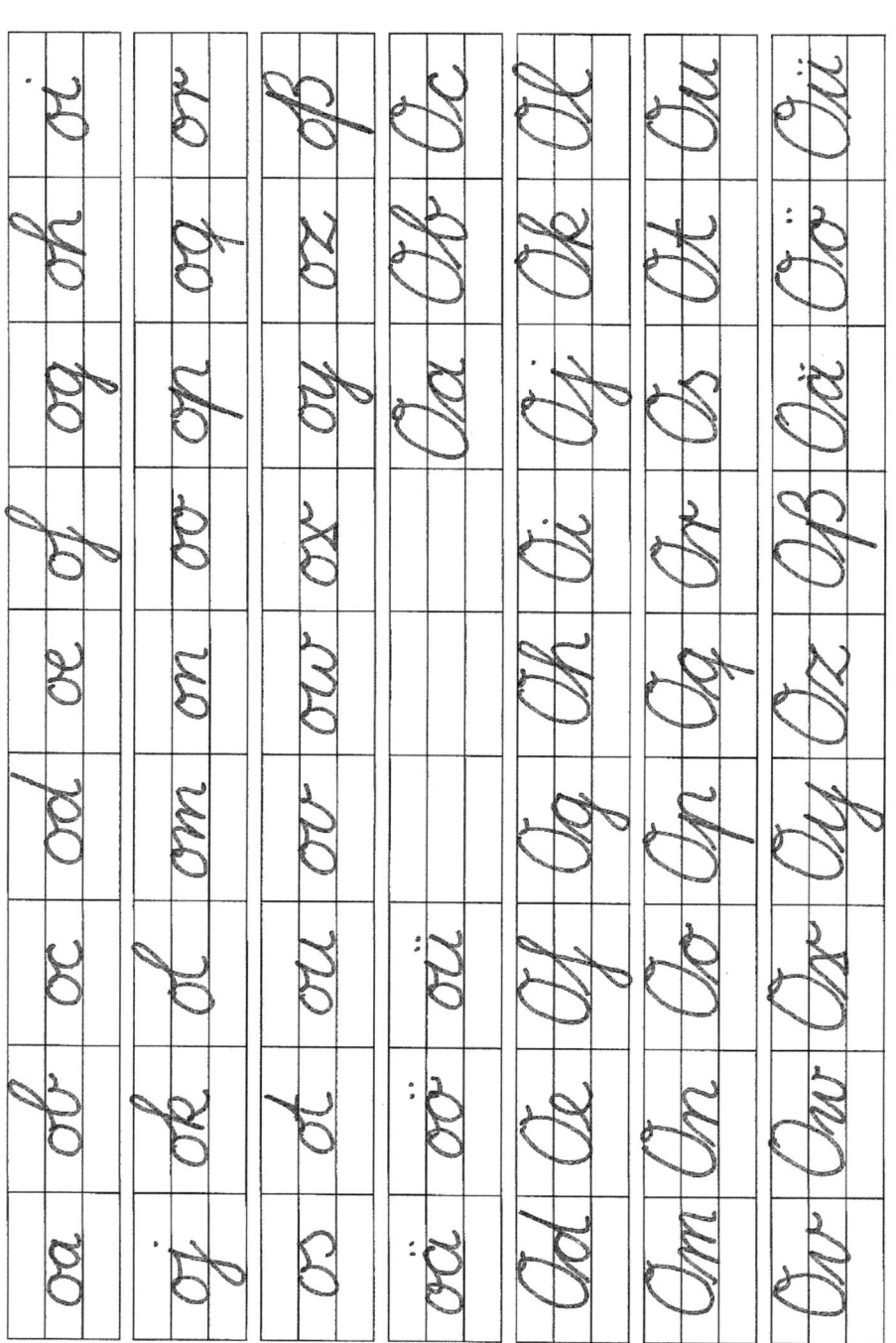

pa	pb	pc	pd	pe	pf	pg	ph	pi
pj	pk	pl	pm	pn	po	pp	pq	pr
ps	pt	pu	pv	pw	px	py	pz	pß
pä	pö	pü				Pa	Pb	Pc
Pd	Pe	Pf	Pg	Ph	Pi	Pj	Pk	Pl
Pm	Pn	Po	Pp	Pq	Pr	Ps	Pt	Pu
Pv	Pw	Px	Py	Pz	Pß	Pä	Pö	Pü

qua qub quc qud que quf qug quh qui

qui quk qul qum quo qup quq qur

qus qut quu quo qus quu quy quz quß

qua quo quü Quo Qub Quc

Qud Que Quf Qug Quh Qui Quj Quk Qul

Qum Qun Quo Qup Qur Qus Qut Quu

Quo Qur Qus Quy Quz Quß Qua Quo Quü

ra	rb	rc	rd	re	rf	rg	rh	ri
rj	rk	rl	rm	rn	ro	rp	rq	rr
rs	rt	ru	rv	rw	rx	ry	rz	rß
rä	rö	rü				Ra	Rb	Rc
Rd	Re	Rf	Rg	Rh	Ri	Rj	Rk	Rl
Rm	Rn	Ro	Rp	Rq	Rr	Rs	Rt	Ru
Rv	Rw	Rx	Ry	Rz	Rß	Rä	Rö	Rü

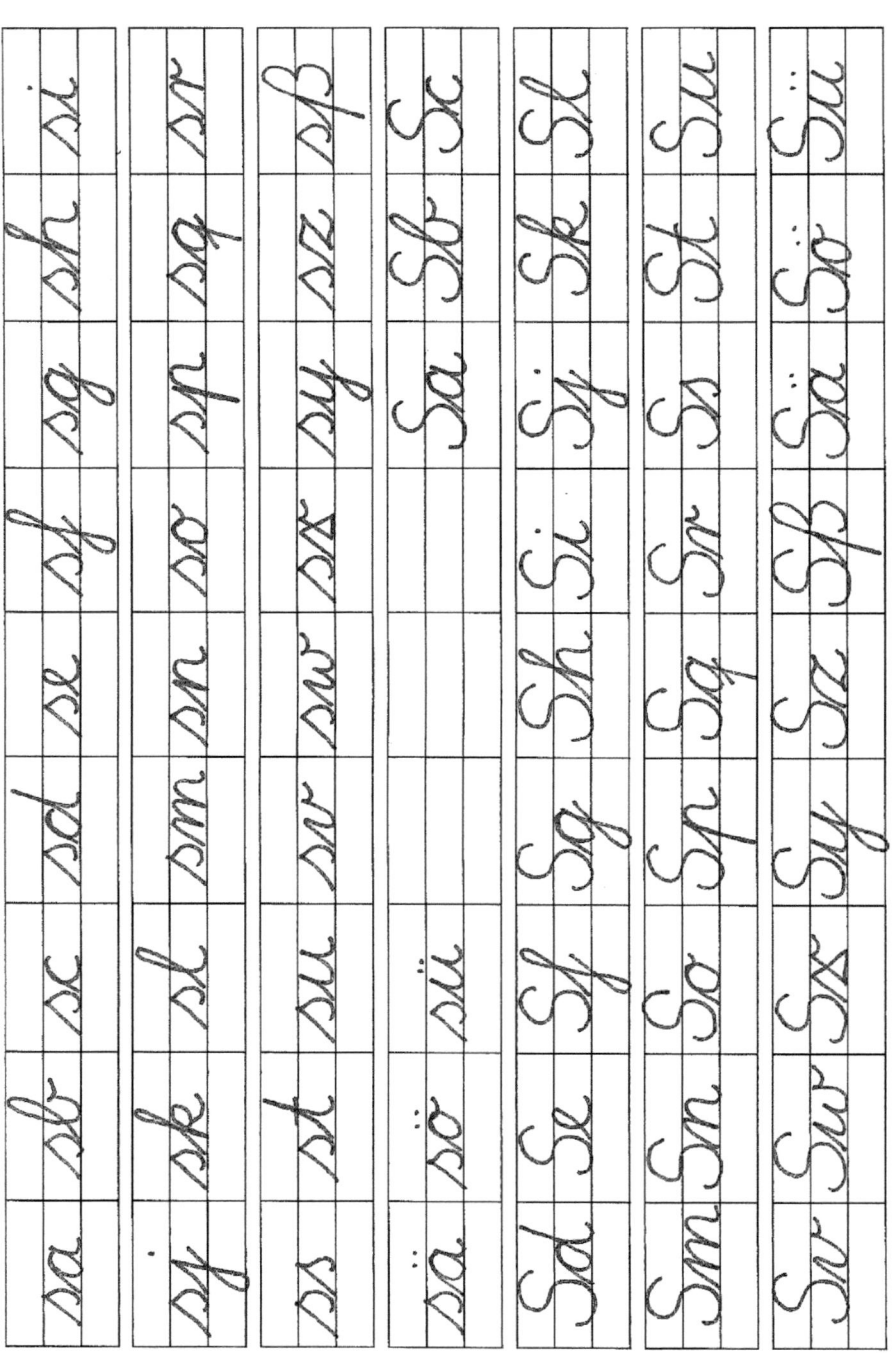

ta tb tc td te tf tg th ti

tj tk tl tm tn to tp tq tr

ts tt tu tv tw tx ty tz tß

tä tö tü

Td Te Tf Tg Th Ti Tk Tc

Tm Tn To Tp Tq Tr Ts Tt Tu

Tv Tw Tx Ty Tz Tä Tö Tü

va	vb	vc	vd	ve	vf	vg	vh	vi
vj	vk	vl	vm	vn	vo	vp	vq	vr
vs	vt	vu	vv	vw	vx	vy	vz	vß
vä	vö	vü				Va	Vb	Vc
Vd	Ve	Vf	Vg	Vh	Vi	Vj	Vk	Vl
Vm	Vn	Vo	Vp	Vq	Vr	Vs	Vt	Vu
Vv	Vw	Vx	Vy	Vz	Vß	Vä	Vö	Vü

wa wb wc wd we wf wg wh wi

wj wk wl wm wn wo wp wq wr

ws wt wu wv ww wx wy wz wß

wä wö wü

wa

Wa Wb Wc

Wd We Wf Wg Wh Wi Wj Wk Wl

Wm Wo Wp Wq Wr Ws Wt Wu

Wa Wx Wy Wz Wä Wö Wü

xa	xb	xc	xd	xe	xf	xg	xh	xi
xj	xk	xl	xm	xn	xo	xp	xq	xr
xs	xt	xu	xv	xw	xx	xy	xz	xß
xä	xö	xü				Xa	Xb	Xc
Xd	Xe	Xf	Xg	Xh	Xi	Xj	Xk	Xl
Xm	Xn	Xo	Xp	Xq	Xr	Xs	Xt	Xu
Xv	Xw	Xx	Xy	Xz	Xß	Xä	Xö	Xü

za zb zc zd ze zf zg zh zi

zj zk zl zm zn zo zp zq zr

zs zt zu zv zw zx zy zß

zä zö zü

Za Ze Zf Zg Zh Zi Zc

Zd Zf Zg Zh Zi Zk Zl

Zm Zo Zp Zq Zr Zs Zt Zu

Zw Zx Zy Zß Zä Zö Zü

äa	äb	äc	äd	äe	äf	äg	äh	äi
äj	äk	äl	äm	än	äo	äp	äq	är
äs	ät	äu	äv	äw	äx	äy	äz	äß
ää	äö	äü				Äa	Äb	Äc
Äd	Äe	Äf	Äg	Äh	Äi	Äj	Äk	Äl
Äm	Än	Äo	Äp	Äq	Är	Äs	Ät	Äu
Äv	Äw	Äx	Äy	Äz	Äß	Ää	Äö	Äü

öi | öh | ög | öf | öe | öd | öc | öb | öa

ör | ög | ön | öo | öm | öm | öl | öf

öß | öz | öy | öx | öw | öv | öu | öo | öa

Öc | Öb | Öa

Öl | Ök | Öy | Öi | Öh | Ög | Öf | Öe | Öd

Öu | Öt | Ös | Ör | Öq | Öp | Öo | Ön | Öm

Öu | Öo | Öa | Öß | Öz | Öy | Öx | Öw | Öv

üa üb üc üd üe üf üg üh üi

üj ük ül üm ün üo üp üq ür

üs üt üu üv üw üx üy üz üß

üa üb üc

Üd Üe Üf Üg Üh Üi Üj Ük Ül

Üm Ün Üo Üp Üq Ür Üs Üt Üu

Üv Üw Üx Üy Üz Üa Üb

Üc Üd Üe Üf Üg Üh Üi Üo Üu

ßa ßb ßc ßd ße ßf ßg ßh ßi

ßj ßk ßl ßm ßn ßo ßp ßq ßr

ßs ßt ßu ßv ßw ßx ßy ßz ßß

ßä ßö ßü

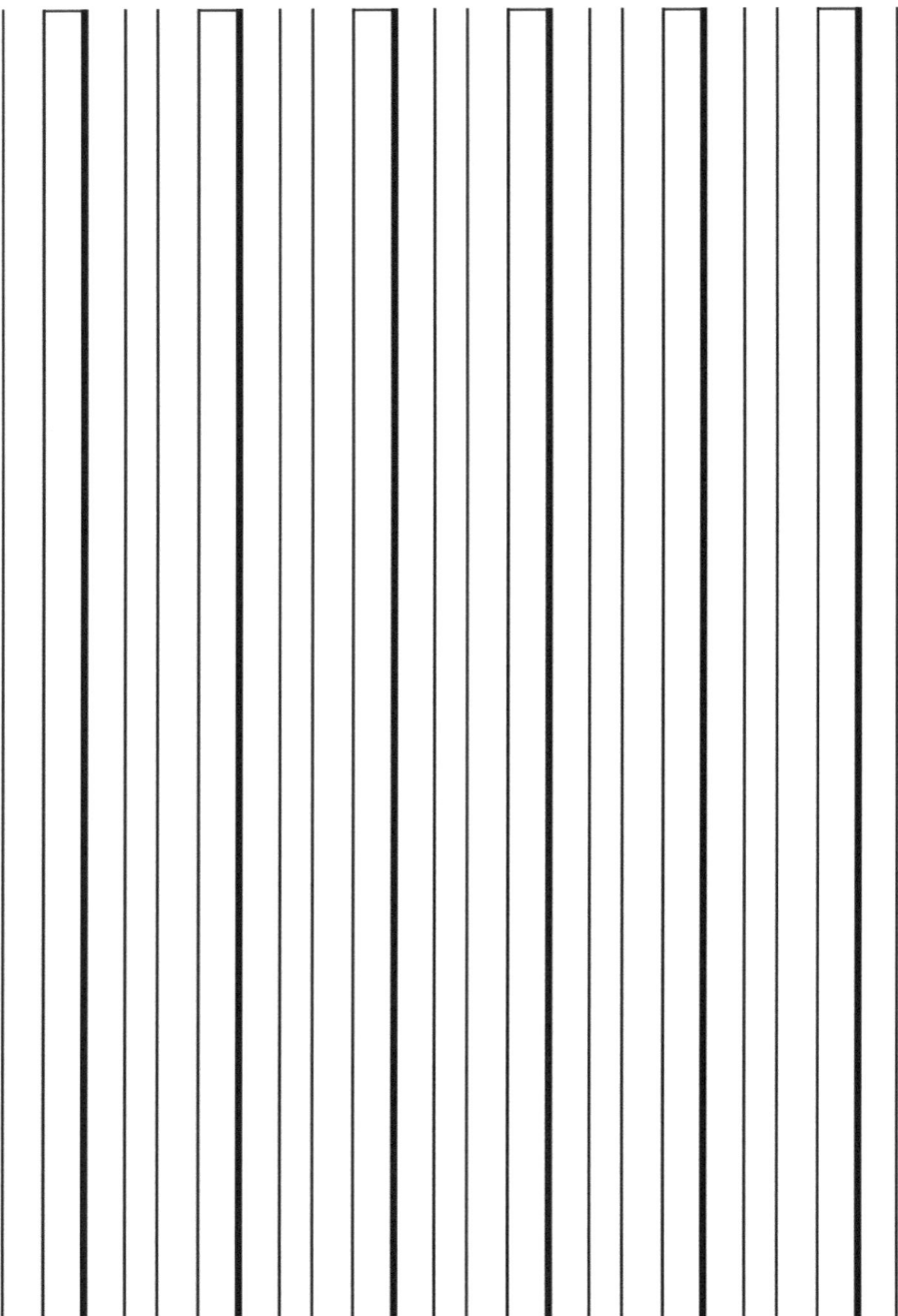

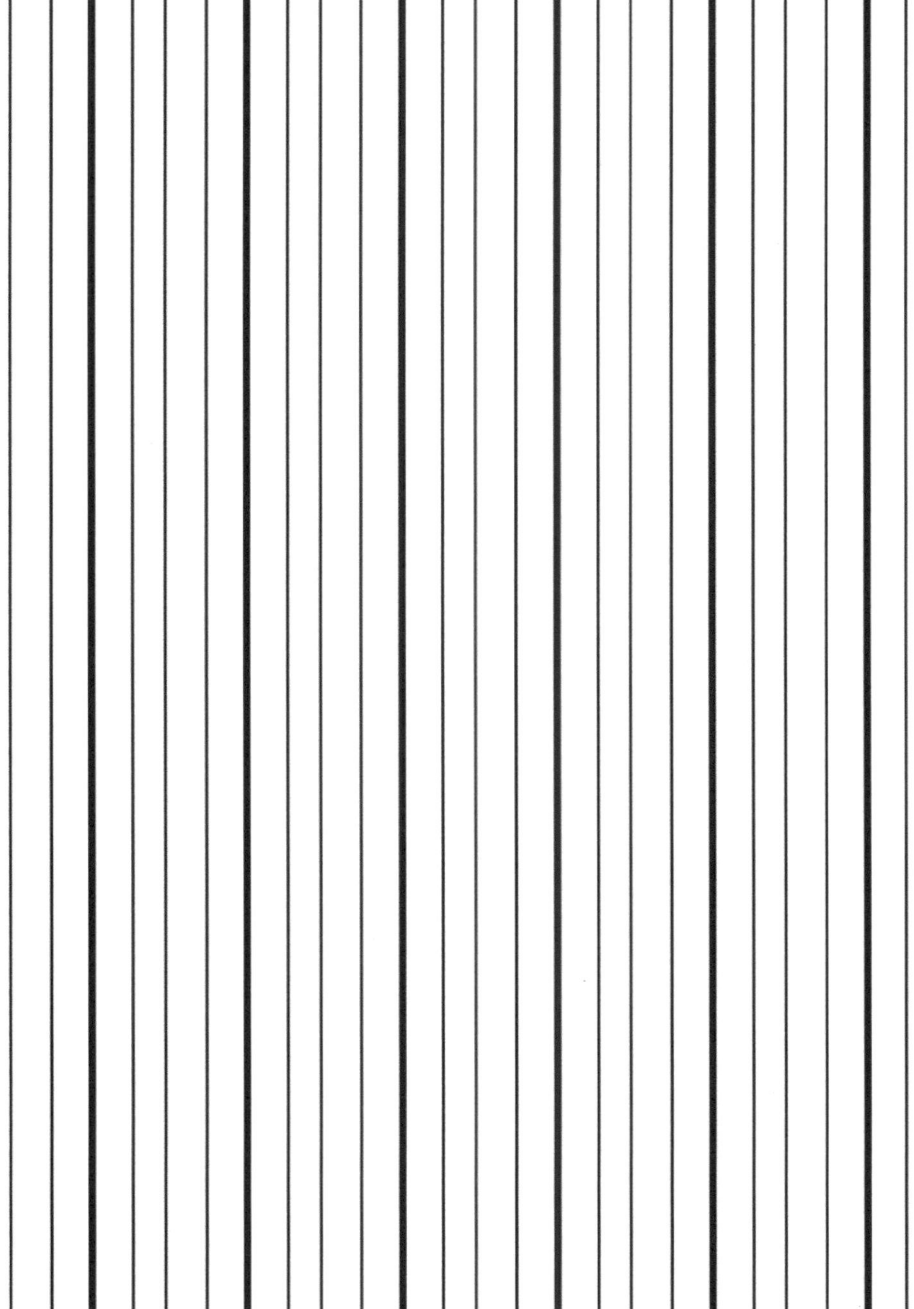

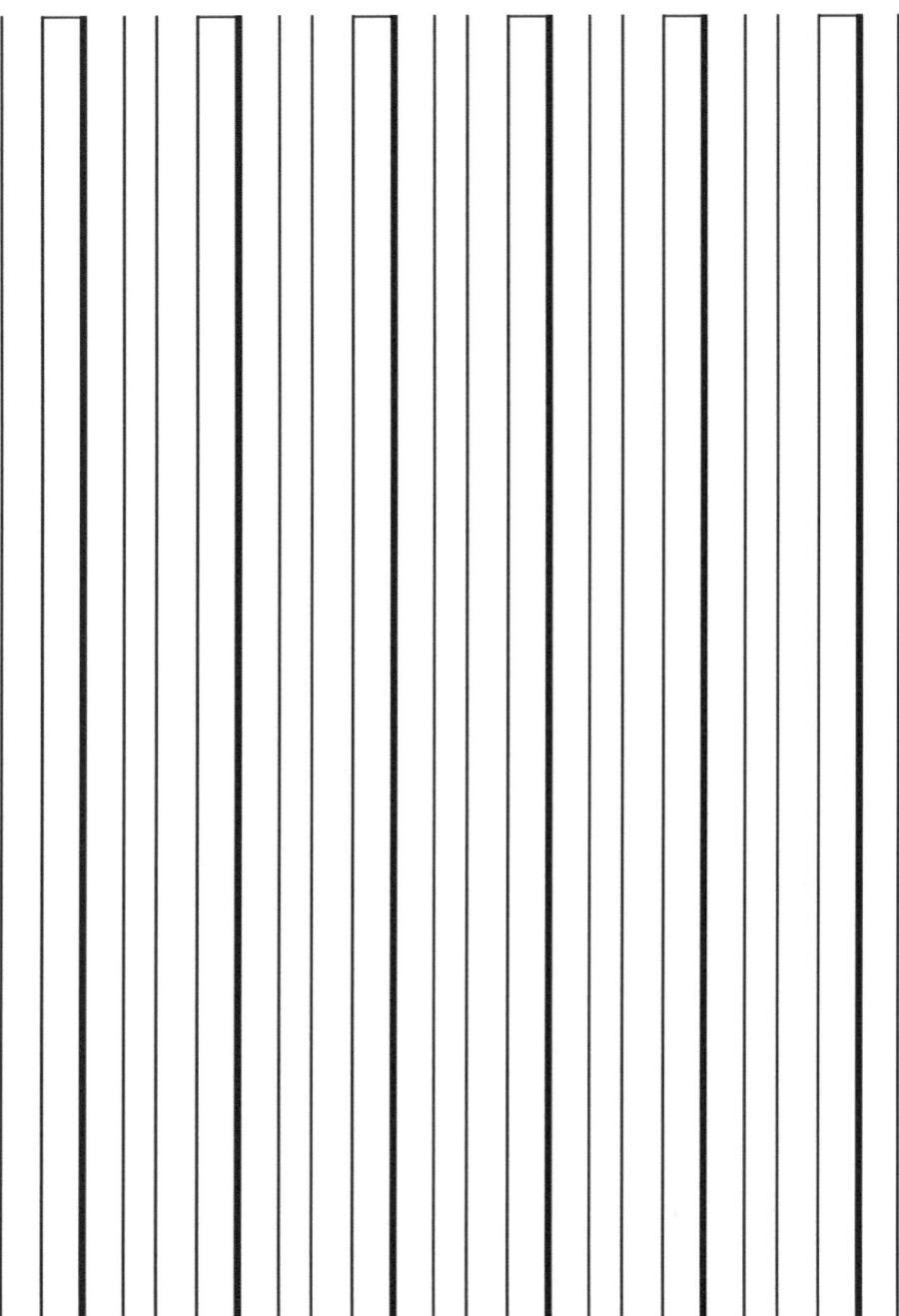

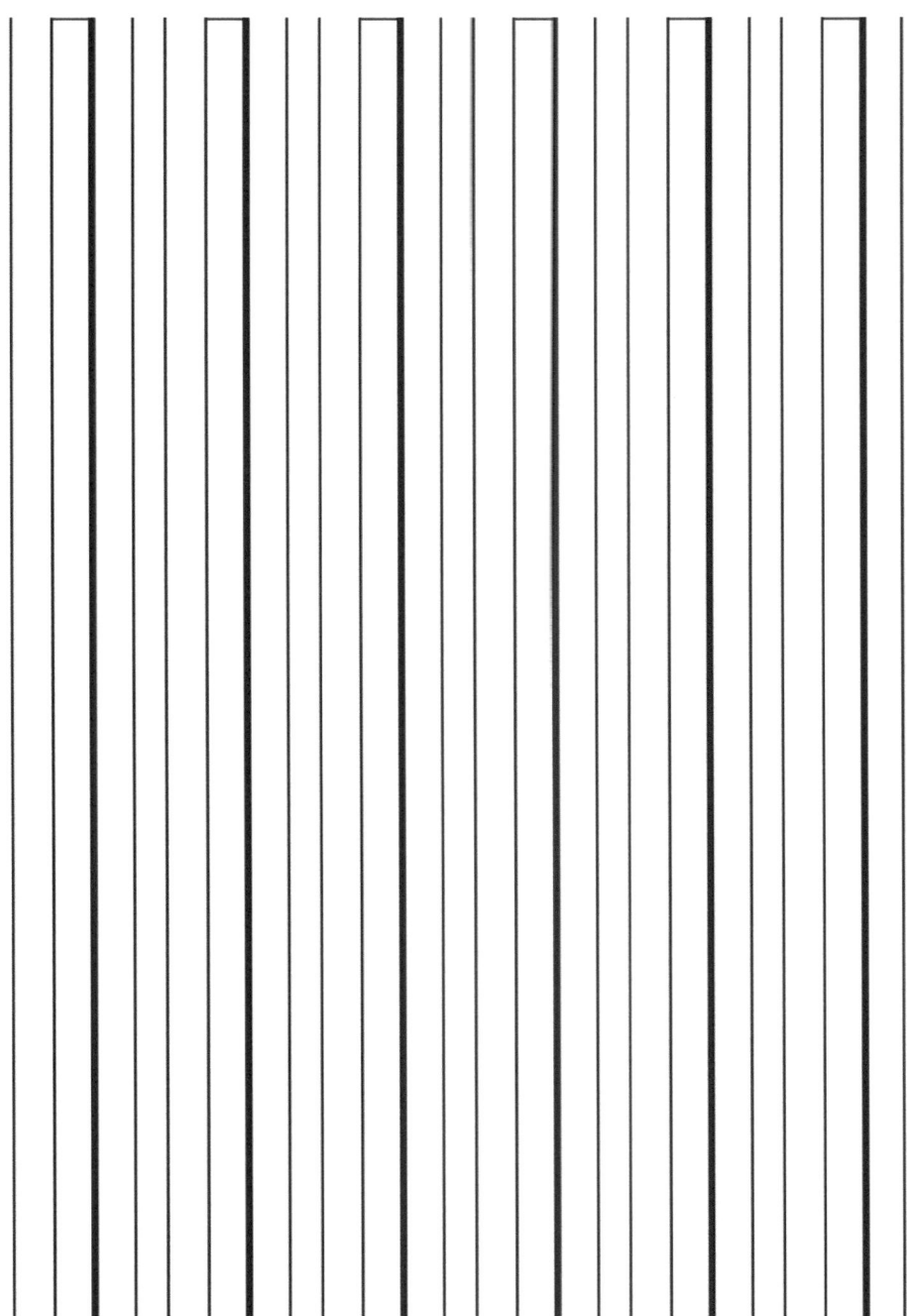

Dank an Dr. Vera Köpsel

Die Autorin

Susanne Dorendorff ist bildende Künstlerin mit Schwerpunkt Handschrift und Schreibkunst. Ihr professionelles Know-how setzt sie für eine neue, intellektuelle Wahrnehmung der Handschriftkultur ein. Von ihr kommen entscheidende Impulse, die die Handschrift endlich angstfrei in das Bewusstsein der Kinder und positiv in den Fokus Erwachsener rückt. Susanne Dorendorff erforscht seit 1988 die Handschrift auch wissenschaftlich, hat didaktisch-methodisch neue, vielfach erprobte Curricula entwickelt und bildet Pädagogen im Schreibenlehren für die Vor- und Grundschule aus. Besonders ihr Engagement als Handschrift-Coach für Manager und Führungskräfte findet in den Medien große Beachtung.

Auf die ausdrucksstarke Dorendorff-Handschrift wollen auch Verlage und Werbeagenturen nicht verzichten und setzen sie seit 1988 in anspruchsvollen inter- und nationalen Kampagnen ein.

Sie ist Autorin mehrerer Sachbücher, Urheberin der ersten Schreiblehrmethode extra für Jungen, Urheberin der Handschriftästhetik ASIEA, Urheberin eines Stäbchenspiels zum Erlernen der richtigen Schreibstiftführung.

Eine so umfangreiche Kennerschaft basiert natürlich auf langjähriger Erfahrung und auf fundierten Ausbildungen mit zielgerichteten Studien. Dorendorff studierte Graphic-Design, Typographie, Schriftentwicklung, Illustrations-Design, Kalligrafie und Malerei. Während der offiziellen Studienzeit widmete sie sich explizit dem Studium manueller europäischer Schreibtechniken, sowie dem Studium sino-japanischer Schriftzeichen und Schreibphilosophie. Sie ist also Expertin für Handschriftpädagogik, -wissenschaft und -kunst.

Gemeinsam mit Susanne Dorendorff können Sie mehr über Handschrift lernen und sich auch ganz persönlich einer neuen Wahrnehmung und neuer Freude am Schreiben hingeben.

Weder Musik, Gesang, Tanz, Bildhauerei, Malerei noch Zeichnen beziehen von ihren Urhebern einen vergleichbar hohen spontan-authentischen Output, wie er in der Handschrift nahezu selbsttätig aus einer Quelle sprudelnd zum Vorschein kommt. Da gibt es noch sehr viel zu entdecken.

Notizen

Notizen